MW01600415

La transformación de Brunonar

Miguel Ángel Núñez

Núñez, Miguel Ángel

La transformación de Brunonar / Miguel Ángel Núñez
/ Valencia: Letra de Colores Ediciones, 2024.   Serie
narcisismo explicado a niños

21,59 x 21,59 cm.

1. LITERATURA INFANTIL 2.VALORES 3. FAMILIA
4. NARCISISMO 5.TRABAJO EN EQUIPO

Corrección de texto: Mery Thomann

Derechos reservados
Copyright © Miguel Ángel Núñez, 2024

Letra de Colores Ediciones ® es un sello subsidiario de Fortaleza
Ediciones para la producción de libros para el público infantil.

FORTALEZA EDICIONES ®
Quart de les Valls
Valencia
España

Todos los derechos reservados. Prohibida la reproducción total o parcial de
esta publicación (texto, imágenes y diseño), su manipulación informática y
transmisión ya sea electrónica, mecánica, por fotocopia u otros medios, sin
permiso previo y por escrito del editor.

La transformación de Brunonar

Miguel Ángel Núñez

Serie
Narcisismo explicado a niños
(Edad 9 a 12 años)

Letra de Colores Ediciones

INSTRUCCIONES PARA LA LECTURA

La serie **NARCISISMO EXPLICADO A NIÑOS**, tiene como objetivo ayudar a niños de entre 9 y 12 años a comprender algunas de las características más importantes de este trastorno de la personalidad.

Tiene como fin proveer un medio para que los padres, docentes o tutores puedan dialogar con los niños.

Por esa razón, algunas sugerencias para que este material cumpla con su utilidad:

- En lo posible, leer el libro junto a los niños.
- Al terminar, no hablar dando la lección, sino preguntar a los niños: "¿Qué has aprendido?" "¿Cómo puedes aplicar lo aprendido?" "¿Qué dudas tienes de la historia?

En el caso de este libro en particular lo que interesa es aprender que: "Incapacidad para el trabajo en equipo: Es difícil para los narcisistas colaborar con otros porque siempre quieren destacar".

El Parque Nacional de Yellowstone está ubicado en el oeste de Estados Unidos. Es conocido por sus geysers, manantiales termales y una gran variedad de vida silvestre. El parque es famoso por su belleza natural y su riqueza en historia y cultura.

Este gran oso,
de envergadura
considerable y pelaje
que se tornaba
cobrizo al sol, tenía
ojos como joyas
resplandecientes.

Sin embargo, lo que verdaderamente lo distinguía no era su inmenso porte o su poderío, sino su soberbia y su total desinterés por la colaboración.

Yellowstone era
el dominio de una
fauna variada, donde
destacaban los astutos
zorros rojos...

...ágiles liebres...

y majestuosos
ciervos...

con los cuales a
menudo unían fuerzas
para superar los retos
que les presentaba
la vida salvaje, los
castores construyendo
diques...

...los extraordinarios
bizontes pastando
en la estepa,
y apoyándose
mutuamente para
protegerse.

Los coyotes organizados en manadas para protegerse entre ellos y colaborar cuando sea necesario.

Incluso los caballos libres que hay en el Parque de Yellowstone, galopando unos al lado del otro, los cuales a menudo unían fuerzas para superar los retos que les presentaba la vida salvaje.

A pesar de esta lección de la naturaleza, Brunonar prefería la soledad y rehuía constantemente la ayuda del resto. Ansiaba ser la única estrella en el vasto cielo del bosque.

Durante una jornada en busca de alimento, Brunonar se cruzó con una colonia de conejos que trabajaban en la construcción de un refugio que los resguardara de las tormentas ocasionales del parque.

—Buen día, diminutos trabajadores — dijo Brunonar con una voz cargada de condescendencia—. ¿Qué están haciendo aquí?

Brunonar soltó una risa burlesca.

—¿Auxiliarlos a ustedes? No hay tarea que no pueda afrontar por mí mismo, sin necesidad de su apoyo.

Después de pronunciar estas palabras, Brunonar continuó su camino dejando a los pequeños conejos en su encomienda sin resolver.

En otro punto de su camino, Brunonar encontró a una manada de zorros que laboraban en conjunto para cazar.

Su trabajo en equipo era una danza de precisión y táctica.

—¿Cuál es su propósito aquí? —interrogó Brunonar, irguiéndose con aire superior.

Mirando con recelo hacia el grizzly, el líder zorro contestó:

—Juntos, aseguramos que nuestras crias tengan sustento. La caza en grupo es nuestra estrategia.

Brunonar frunció los labios en una mueca de mofa.

—¡Qué disparate! Yo me proveo sin necesitar de aliados.

Sin ningún intercambio más, Brunonar se alejó dejando a los zorros desconcertados por tal egocentrismo.

Brunonar proseguía con su marcha cuando los cielos de Yellowstone se oscurecieron abruptamente anunciando una tormenta. La lluvia comenzó a caer torrentosa, y Brunonar se vio forzado a buscar refugio bajo el alero de un gran pino.

De pronto Brunonar se sintió totalmente vulnerable frente a la lluvia y la tormenta, y sobre todo, totalmente solo, sin saber a quien acudir.

Mientras deambulaba bajo la implacable tormenta, sin encontrar refugio y a quién pedirle alguna guía del lugar, de pronto Brunonar sintió una voz familiar que le preguntó:

—Brunonar, ¿estás en apuros?

Era la voz de Luna,
un águila calva,
el emblema del
parque, conocida
por su perspicacia y
esplendor.

—Luna, te imploro me socorras —pidió Brunonar—. Este árbol no me protege como pensaba.

Con una mirada
serena, Luna dijo:

—Ayudarte será mi
placer. No obstante,
tienes que admitir la
importancia del apoyo
mutuo y los beneficios
de la unidad.

Mientras tanto la
tormenta amainaba.

Brunonar, sintiéndose humillado por su anterior arrogancia, entendió su error. La ayuda de Luna fue clave y se liberó de su predicamento egoísta.

Cuando terminó la tormenta fue al río a buscar peces pues estaba muy hambriento.

Al atardecer se encontró con un buho que solía hablarle cuando daba sus paseos solitarios y le dijo:

—Te noto pensativo Brunonar.

Sí, he estado aprendiendo algunas valiosas lecciones, sobre colaborar y no estar totalmente solitario, me está costando, pero voy aprendiendo.

—Ánimo, no se crece sin algo de dolor.

Brunonar siguió avanzando por las hermosas tierras de Yellowstone, agradecido por haber aprendid lecciones invaluables de parte de sus amigos.

Miguel Ángel Núñez

Nació en la ciudad de Salta, Argentina, pero vivió casi toda su vida en Chile, de donde proceden sus padres, por eso posee doble nacionalidad, chilena y argentina.

Doctor en Teología Sistemática (UAP, Argentina); Magister en teología (UAP, Argentina); Licenciado en Filosofía y Educación (UC, Chile); Licenciado en Teología (UNACh); Licenciado en Teología (UAP); Orientador familiar (UCN, Chile); Mg. en Conflicto y Mediación (UMC, España); estudios en Maestría en Psicoterapia breve y otra en Maestría en Sexología clínica.

Ha dado clases de pre y posgrado en Chile, Argentina, Perú y México. Ha sido profesor invitado para universidades de Colombia, Ecuador, Perú, Chile, Argentina, Panamá, México, Bolivia, Brasil, Venezuela, España, EE.UU., Rusia y El Salvador. Actualmente es docente invitado de Logos University (Jacksonville, Florida, EE.UU.) y de Carey Bible College (Lindsay, California, EE.UU.).

Es además, terapeuta de parejas, mediador y orientador familiar.

Este libro es parte de una serie sobre NARCISISMO, que tiene como fin explicar este trastorno de la personalidad a niños, utilizando la estrategia de acercarlos a través de historias con animales, y que sirvan para que los padres puedan dialogar con sus hijos e hijas respecto a este problema tan serio.

Otros libros de la colección

- Miguel Ángel Núñez. *El despertar de Adanar.*
- Miguel Ángel Núñez. *El aprendizaje de Kongnar.*
- Miguel Ángel Núñez. *El vuelo del cóndor.*
- Miguel Ángel Núñez. *Lecciones en el mar tropical.*
- Miguel Ángel Núñez. *El lobo inseguro.*
- Miguel Ángel Núñez. *El espejo de Narciso.*
- Miguel Ángel Núñez. *Zippynar, el zorro.*
- Miguel Ángel Núñez. *La transformación de Brunonar.*
- Ninayette Galleguillos. *París está muy lejos.*
- Patricia Méndez. *La plaza de la fortuna.*
- Patricia Méndez. *Libertado por amor.*
- Patricia Méndez. *La obra de arte más hermosa.*
- Patricia Méndez. *Una balsa milagrosa.*
- Silvia Gutiérrez. *Un tesoro maravilloso.*
- Smirna Olivares. *Juanito piernas cortas.*
- Smirna Olivares. *Nacidos para brillar.*
- Smirna Olivares. *El chingue que nadie quería.*
- Smirna Olivares. *El guanaco engreído.*
- Sonia Krumm. *Cartas desde el sur.*
- Sonia Krumm. *Mi hermano Rubén.*

Colección: Para aprender, recortar y pegar

- Alice Abbey. *Animales de Australia.*
- Alice Abbey. *Animales de Chile.*

- Alice Abbey. Animales *de África I*
- Alice Abbey. Animales *de África II*
- Alice Abbey. *Animales domésticos.*
- Alice Abbey. *Razas de perros I, II y III.*

Colección Héroes verdaderos

- Miguel Ángel Núñez. *María, la polaca.*

Libros en preparación

- David Ponte. *El viejo árbol.*

- Ítalo Violo. *Baltasar y la moneda.*

- Mery Thomann. *Mamá, ¿por qué lloras?*

- Narda Varillas. *Nancy y las flores.*

- Patricia Méndez. *Donde está Nachito.*

- Patricia Méndez. *El pequeño vigía.*

- Patricia Méndez. *La nueva compañera de clases.*

- Patricia Méndez. *Los detalles importan a Dios.*

- Patricia Méndez. *Margarita Flores.*

- Patricia Méndez. *Mejor que Santa Claus.*

- Patricia Méndez. *Un pequeño grande.*

- Patricia Méndez. *Una araña guardiana.*

Made in the USA
Middletown, DE
30 March 2025

73482652R00043